À Leslie et Mégane

www.casterman.com
www.lespetitscitoyens.com
Lettrage : Isabelle Monchâtre

ISBN 978-2-203-01690-3
Dépôt légal : septembre 2008
D.2008/0053/491
Déposé au ministère de la Justice, Paris
(loi n°49.956 du 16 juillet 1949 sur les
publications destinées à la jeunesse).
Imprimé en France

LES PETITS CITOYENS AU PACOOLICI

Illustrations **Jérôme Eho**
Scénario **Dominique Sitbon-Hatchwell**

casterman

Grâce à la bande dessinée *Les petits citoyens au Pacoolici*,
tu connaîtras mieux les droits de l'enfant et la CIDE.

La Convention internationale relative aux droits de l'enfant (CIDE) élaborée par l'ONU en 1989 et ratifiée depuis par 192 pays, comporte de nombreux articles. L'album des petits citoyens fait référence à certains de ces articles. Chaque texte suivi d'un petit numéro, comme par exemple [1], est commenté à la fin de l'album.

Pour en savoir plus, rejoins nos héros sur le site www.lespetitscitoyens.com
et télécharge le texte complet de la CIDE.

Eh ben, tu vois Arthur, c'était pas si dur que ça, cette rentrée scolaire[CD] !
RAAH ! Je suis exténué !
Faut toujours que tu exagères !
Moi, j'ai trouvé ça sympa, on s'est tous retrouvés !
Tu parles ! Pour travailler !
Au fait, Gary, on ne s'est pas TOUS retrouvés !
?
Oui, Chance n'était pas là !
Mais oui, elle est où, Chance ? J'espère qu'il ne lui est rien arrivé pendant les vacances !
T'inquiète pas, P'tite Marianne, elle doit être restée chez ses cousins au Pacoolici...
?!
... Sur la plage à bronzer... Elle a oublié la rentrée, c'est tout !
Moi, je trouve ça étrange ! Si on s'arrêtait chez elle... C'est sur le chemin !

Toc, toc, toc ! Y a quelqu'un ?
Tiens ... C'est ouvert !
Alors les vacanciers, on fait l'école buissonnière ?
?!
Holà, vous en faites une tête !
Où est Chance ?
Ma petite fille chérie ...
C'est horrible !
Qu'est-ce qu'il s'est passé !? Elle est...
Mais elle est où ?
Bouh !

Elle était chez son oncle en vacances, mais elle n'a pas pu quitter(2) son village au Pacoolici !
Tss… C'est quoi cette idée d'empêcher des enfants de vivre avec leurs parents(3) !
Les enfants ont des droits tout de même !
C'est vrai, P'tite Marianne ! Je confirme ! Tous les enfants ont des droits !
Depuis 1989, 192 pays se sont engagés(4) à défendre les droits de l'enfant !
Pas le Pacoolici ! Dans ce pays, seul le Président a tous les droits !
C'est un dictateur ! Il fait ce qu'il veut…
… Il retient tous les enfants de son pays !
Nous, on n'est pas Pacooliciens ! Si on partait chercher Chance ?!
Et tu comptes t'y rendre comment, Sarah ?
En volant ?
Et pourquoi pas, Arthur, on parie ?!

Combien on avait parié, déjà ?
J' pouvais pas deviner que ton oncle était commandant de bord !
D'ailleurs, où est-il ? Faut se dépêcher, on n'a que le week-end pour ramener Chance ! Lundi, y a école !
Le voilà !
TONTON ! On est là ! Regarde par ici !
?!
Il est top ! Il a convaincu nos parents. On peut partir avec lui !
Enregistrez vos bagages. J'ai déjà donné vos autorisations de sortie du territoire.
Vos papiers d'identité(5), Mademoiselle...

AH OUI ! ATTENDEZ...
ÇA, C'EST MA CARTE DE FIDÉLITÉ DE CHEZ NOUF-NOUF !
ÇA, C'EST CELLE DE MA COIFFEUSE... VOILÀ CELLE DU TOILETTAGE DE CHOUM ...
MA CARTE BELLE ET JOLIE...
MA CARTE DE FIDÉLITÉ POUR LES UV TOUT SOLEIL.
J'AI DONC TOUS MES PAPIERS ... EUH...
... VOUS ALLEZ RIRE !
TOUS, SAUF MON PASSEPORT !!!
JE CONFIRME QUE PLUS TÊTE EN L'AIR QUE TOI, AGATHE, ÇA N'EXISTE PAS... TU L'AS FAIT TOMBER DANS LA VOITURE !
DÉPÊCHONS-NOUS ! AVEC TES BÊTISES, ON VA RATER LE DÉCOLLAGE !
WOOAH !!!

!!
Nous y voilà ! Les papiers sont en règle, l'avion est vérifié ! Embarquement immédiat pour le Pacoolici !
Non mais, tu as vu le Jet du Tonton !!!
Un appareil comme ça rien que pour nous !
C'est la classe !
La GRANDE classe !
Bienvenue sur Tonton Jet et Cie !
?!
SAARRAHH… Je te déteste !
POT
POT
POT
POT
Tais-toi, Arthur, et boucle…
Euh… Ta ceinture !

C'est fou qu'un vieux coucou comme ça arrive encore à voler !
Vous êtes sûr du contrôle technique[6] ?
Euh, on n'est pas bien haut ! Vous avez des gilets de sauvetage, au moins ?
Et... À cette vitesse, le vol risque de durer ... On n'est pas arrivés !
T'inquiète pas, Arthur ...
... Je vais mettre...
Toute la gomme !
VROO
J'en demandais pas tant ! D'accord, on n'a qu'un week-end, mais doucement !

Quelques heures plus tard...
Ne détachez pas vos ceintures jusqu'à l'arrêt complet de l'appareil.
Nous allons atterrir dans quelques instants au Pacoolici. La température extérieure est de 35°. Merci d'avoir choisi la Tonton jet Cie !
On n'est pas là pour ça, mais ça a l'air sympa...
Regardez !
Les plages sont bondées, la mer est superbe ! Pour une dictature, ça n'a pas l'air si dur !
Le soleil, les palmiers !!!
Vite, ma crème à bronzer !
Accrochez-vous, on se pose...
Tout en douceur bien sûr !
Poot Poot Poot !

Et voilà le travail ! Respect ! N'est-ce pas, les enfants ?
Du travail de pro !
Mais entre nous, la piste est un peu courte ! C'est pas vraiment réglementaire !
Avec Tonton Jet et Cie, le toboggan est fourni !
Je confirme qu'une frousse pareille, c'est secouant !
Ah, voici le comité d'accueil !
Bonjour, nous sommes ravis d'être au Pacoolici. C'est gentil de nous accueillir, nous sommes...
Oh Oh !

Allez, montez ! On vous emmène... On peut savoir ce que vous venez faire ici ?
Euh... On est là car on cherche...
... On cherche à faire un peu de tourisme, de la bronzette sur vos plages, vous voyez le genre ?
Au Pacoolici, le tourisme(1), on connaît pas ! Et on n'en veut pas.
!
Mais puisque vous êtes là, les enfants, suivez-nous. Et vous, le pilote, dégagez l'avion !
T'inquiète pas Tonton ! On te retrouvera ici dimanche soir.
!?
J'ai un mauvais pressentiment, ou je me fais des idées ?

AÉROPORT
Bon maintenant... Vous allez vous présenter aux douanes !
Wouahou ! On prend quelle file ?
Accès au Pacoolici interdit aux enfants handicapés(9)
File réservée aux gros
File réservée aux mineurs
Eh bien, c'est charmant ! Des files pour les minces, des files pour les petits(8) !
Je confirme, charmant accueil !
SALBO NOME
J'espère qu'ils ne vont pas nous annoncer que l'accès au pays est interdit à une fashion victim !!!
Pff !
C'est malin !
Agathe, Arthur, c'est pas le moment de vous disputer. C'est à nous... Vite !
Rien à déclarer ?
Si... Que vous n'êtes pas très poli !

QU'EST-CE QU'ELLE A DIT ?
RIEN !!! BONNE JOURNÉE ET BONJOUR CHEZ VOUS !
ILS NE SAVENT MÊME PAS DIRE BONJOUR !
AEROPOR
PFF !
LA VERITÉ
ALORS, C'EST ÇA LE PACOOLICI ? NI RAVISSANT, NI RASSURANT !
SALBO NOME
Place du grand homme
SALB
HUMM... CHARMANT CE PAYS, IL N'Y A QU'UN JOURNAL EN VENTE(10)...
... ÇA SENT BON LA LIBERTÉ DE PENSER(11) !
LA VERITÉ DU PRESIDENT
BON, C'EST PAS TOUT ! PAR QUOI ON ATTAQUE ?

EEEH ! TU VEUX ATTAQUER QUOI ?
C'EST UNE FAÇON DE PARLER !
EUH, JE VOULAIS JUSTE DIRE... PAR QUOI ON COMMENCE ?
VOUS TOMBEZ BIEN ! ON A BESOIN D'UN TAXI POUR ALLER À LA PLAGE...
DEPUIS QUAND LES ENFANTS ONT DES ARMES[12] ?
Y A PAS DE TAXI AU PACOOLICI ! ET... DISPERSEZ-VOUS !
IL EST INTERDIT DE FORMER DES GROUPES DE PLUS DE DEUX PERSONNES !!!
SI VOUS VOULEZ, ON A UN RÉSEAU DE TRANSPORT NATIONAL. DES VÉHICULES INDIVIDUELS DE PLEIN AIR EN LOCATION !
LOCAT
DU SOLEIL, DE LA BRONZETTE, LE TOUT EN DÉCAPOTABLE, C'EST TOP !
OUPS ! AVEC ÇA, AU MOINS, ON N'A PAS BESOIN D'UN PERMIS !
?!

...
Le mien, il n'a même pas de boîte de vitesses, je me traîne !
Au moins, ça nous laisse le temps d'admirer le paysage !
Et quel paysage ! Regardez devant vous !
C'est dingue, ils sont fâchés avec la protection de l'environnement(13) ! Et moi qui suis allergique à la fumée !
C'est dégoûtant !!!
Quelques heures d'âne plus tard...
?!
Regardez, ce sont les plages que nous avions vues de l'avion !
Enfin !

Faut jamais se fier aux apparences. Regardez ce monde sur la plage, ils ont la belle vie au Pacoolici !
Top Cool ! Le premier prêt à bronzer a gagné !
Je sais, je sais !
Mais on a bien 5 minutes, et puis, elle est peut-être sur la plage !
Ne perdons pas de temps à discuter !
On n'est pas venus jusqu'ici pour bronzer, mais pour retrouver Chance !
Hop, Hop ! Ma petite serviette...
?
Ça ne vous gêne pas qu'on soit voisins de Bronzette ?
Voisins de qui ? Je ne connais pas cette Bronzette !
?!

PAS MAL, CE CAMPING !
MAIS CE N'EST PAS UN CAMPING, ICI, C'EST CHEZ NOUS, CE SONT NOS MAISONS.
ON VIT SOUS CES TENTES(14), AU BORD DE L'EAU !
J'PEUX PAS Y CROIRE ! C'EST VRAIMENT TA MAISON ?
TU VIS ICI TOUTE L'ANNÉE !
BEN OUI... OÙ TU VEUX QUE J'AILLE ?
ET VOUS, QU'EST-CE QUE VOUS VENEZ FAIRE AU PACOOLICI ? VOUS N'ÊTES QUAND MÊME PAS VENUS EN TOURISTES ! C'EST PAS POSSIBLE !
NON, ON EST VENUS CHERCHER CHANCE. C'EST NOTRE AMIE ET ELLE N'EST PAS RENTRÉE À L'ÉCOLE ! TU L'AS DÉJÀ VUE, TU LA CONNAIS ?
OUI, JE SAIS QUI C'EST ! JE L'AI CROISÉE IL Y A QUELQUES JOURS, ELLE VIVAIT CHEZ SON ONCLE AU VILLAGE...
C'EST UNE MAISON SUR LA ROUTE APRÈS L'ÉCHOPPE DU BOULANGER... MAIS, MÉFIEZ-VOUS DE LUI !

Bon ! Maintenant, direction chez le tonton Pacoolicien ! On va foncer avec nos étalons !
C'est bizarre. Il a dit qu'elle vivait chez son oncle. Alors, ça voudrait dire qu'elle n'y est plus ? Bizarre ou pas, on va aller voir !
J'sais pas pourquoi, j'ai plus envie de bronzer !
Je confirme, c'est bizarre !
Pas de bronzette, pas de shopping, tu parles d'un week-end ! Faut vraiment que je l'aime, Chance !
On y est, le boulanger est juste en face, au coin !
Enfin ! Je ne supporte plus les suspensions de mon véhicule !
Dites-moi, l'architecte ne s'est pas foulé, on dirait !
Allons frapper !
iiiiiiiiiH
?!

ÇA VIENT DE LÀ, VITE...
C'EST LA VOIX D'UNE ENFANT !
DERRIÈRE LA PORTE, DANS LA MAISON !
NON ! ARRÊTEZ !
!
PAR ICI, MA BELLE(15)...
JE VOUS EN SUPPLIE !
GRR !
!?
MAIS VOUS ÊTES DINGUE !
JE SUIS CHEZ MOI, JE FAIS CE QUE JE VEUX !
DEHORS, FICHEZ LE CAMP !
GRRR
GROAAR !!
!

Oui, c'est ça, filez le plus loin possible ! Et ne revenez jamais !
GRRR WOAH WOAH !
Ouf ! On est arrivés à temps !
Bonjour, ça va mieux ? Moi, c'est Agathe, comment tu t'appelles ?
Je m'appelle Kélia. Merci pour votre aide !
Mais, il va revenir, vous savez, et il sera très en colère ! C'est sa maison, ici !
En plus, c'est le chef du village, il est puissant !
Mais vous, par quel miracle étiez-vous là ?
On recherche notre amie Chance.
On nous a dit qu'elle vivait chez son oncle... Tu sais qui c'est ?
!!
Son oncle, c'est l'horrible bonhomme que vous venez de chasser ! Et, pour Chance...

Chance n'est plus là. Son oncle l'a vendue à l'usine ! Ici, tous les enfants travaillent(16) !
Ils n'ont pas voulu de moi à l'usine car je suis malade...
???
GRR
Oh non ! Le voilà qui revient !
Et avec des renforts !
Ils sont trop nombreux ! Mieux vaut filer ! Et vite !
!
Je confirme...
... Mieux vaut partir !
Restons groupés, ça peut être dangereux !
Prenez le chemin derrière et surtout cachez-vous bien !
Kélia, tu ne viens pas avec nous ?
Ne t'inquiète pas, je vais les semer !

SI VOUS VOULEZ RETROUVER CHANCE, VENEZ CE SOIR SUR LA PLACE DU "GRAND HOMME" !
PARTEZ VITE, JE M'OCCUPE D'EUX.
BRRR..
QUELLE CHIC FILLE, CETTE KÉLIA. J'ESPÈRE QU'ELLE VA POUVOIR S'EN SORTIR !
T'INQUIÈTE PAS ! ELLE NOUS REJOINDRA CE SOIR SUR LA PLACE ! ET JE CONFIRME, QUELLE FILLE SUPER !
PLACE DU "GRAND HOMME" ! DRÔLE DE NOM POUR UN DICTATEUR QUI INTERDIT TOUT !

Place du Grand homme - 20 h
SALBO NOM
SALBO NOM
C'est encore plus sordide la nuit !
Pourvu qu'aucune patrouille ne passe...
... Sinon, on est mal. Il paraît qu'il y a même un couvre-feu dans ce pays...
J'espère que Kélia n'a pas eu d'ennuis. On n'aurait jamais dû la laisser avec ces fous ! Mais bon, elle a l'air de savoir ce qu'elle fait !
!?
Psiiit !
22

Y A UN PASSAGE... ON Y VA ! ALLEZ ! DE TOUTE MANIÈRE, FAUT PAS RESTER ICI !
SUIVEZ-MOI... WOOOUAH, C'EST SOMBRE !
JE CONFIRME !!! C'EST SOMBRE ET ÇA GLIIIIIIIIISSE... WAAAAH !
SPONN !
OH ?!

C'EST QUOI CE CARNAVAL ? ET CES DRÔLES DE PETITS BONSHOMMES ROSES ? ON EST TOMBÉS DANS UN PIÈGE ?
BIENVENUE DANS NOTRE ASSOCIATION. NOUS SAVIONS QUE VOUS DEVIEZ VENIR...
UNE ASSOCIATION ? COOL, MOI AUSSI JE FAIS PARTIE D'UNE ASSOCIATION...
JE ME DEMANDE SI C'EST UNE ASSOCIATION DÉCLARÉE, COMME CHEZ NOUS.
VOUS ÊTES QUI ?
... "L'INTELLO ACADEMY"
ON SE CONNAÎT ?
VOUS NE M'AVEZ PAS DÉJÀ OUBLIÉE, QUAND MÊME !
!?

Kélia !!! Chouette, tu as pu te sauver !
Je connais bien le coin, je te l'avais dit !!!
Vous faites quoi ici, exactement ? Eh, c'est quoi ces costumes bizarres, on dirait des déguisements !
Vous avez déjà entendu parler de Salbo Nome, le dictateur qui a pris le pouvoir de force ?
Il est injuste et dur avec les habitants.
Les adultes du Pacoolici ont baissé les bras...
Mais nous les enfants, on n'est pas d'accord ...
Alors, on se réunit(17) en cachette, le soir... Et on publie un journal(18) qui dénonce toutes les injustices que Salbo Nome fait à son peuple.
On le distribue, discrètement, mais les gens ont peur, ils ne veulent pas tous le lire !
Et on aide les autres enfants comme on peut ! Mais on n'est pas assez nombreux !
Alors, pour dire la vérité, vous êtes les bienvenus. On a besoin de renforts !

...
Comme je vous l'ai dit...
Chance a été vendue par son oncle...
Elle est retenue depuis un mois à l'usine Tricot Nome où elle travaille jour et nuit !
Tricot Nome
Usine
C'est un endroit qui ressemble plus à une prison qu'à une usine... Il est gardé par des hommes très dangereux qui travaillent pour Salbo Nome, en maltraitant les enfants !
Tricot Nome
Usine
On sait peu de choses sur ce qui se passe à l'intérieur. On sait juste qu'ils produisent des milliers d'écharpes qu'ils vendent à bas prix dans le monde entier !
Et une chose est sûre... Salbo Nome enlève ou achète[19] les enfants dans les villages et les force à travailler pour lui[20] !
Glups
On sait que depuis de nombreuses années, aucun enfant n'est jamais ressorti vivant de cette usine et que chaque année, ils sont de plus en plus nombreux...
C'est horrible !!!!!
Il faut qu'on aille tous là-bas et qu'on libère les enfants prisonniers des griffes de ce dictateur... Et vite !

Mais comment, Arthur ?
Les hommes de Salbo Nome tiennent l'usine. Ils sont armés jusqu'aux dents, et je te promets, ils sont très, très ...
méchants !
Si on se fait prendre, ils vont se venger sur toutes nos familles. C'est très dangereux, c'est pour ça que tout le monde a peur !
C'est trop pas juste !
Nous, on n'a pas de famille ici et il faut qu'on libère Chance, quoi qu'il arrive ! Je confirme... Il faut aller dans cette usine !
Pour y aller, il faut savoir où elle est. Vous le savez, vous ???
À 10 km au nord de la capitale, dans la jungle !
Quelqu'un pourrait nous y conduire ? On ne connaît pas le chemin ! Et dans la jungle...
10 km... ça fait une trotte !
Nous, on ne peut pas partir ! Notre absence serait trop remarquée... Mais, j'ai une idée ! Je sais qui peut vous indiquer le chemin, et de façon sûre ! ...
ZOZIO, ZOZIO...
Viens par ici !

Je vous présente ZOZIO, les amis !
Il sera votre guide !
Il va vous mener discrètement à l'usine.
Waooo ! Sacré GPS ...
Gentil Piaf Sécurisé
Alors, courage ! Ne tardons pas, la nuit est courte.
Et on a du chemin à faire ! En route, ZOZIO !
Eh ! Attends-nous le GPS !
C'est ici que nos chemins se séparent ! À partir de là...
... C'est la jungle. Et restez prudents...
Même si ZOZIO est là !

T'inquiète pas, Kélia, on est très courageux !
On n'a peur de rien !
?!
Oups
WAAAH !!!!! Ça grouille de bestioles immondes ! C'est pas cool ici !
C'est pas gagné !
!!!
?
Et une longue traversée de la jungle commence !
?!
CRAAC

Qui.. Qui... Qui va là ?
Attention, je suis armé, j'ai mon pitbull d'attaque ...
Qui n'est pas vacciné contre la rage !
GRR !
Ne lâchez pas votre molosse !
On ne vous veut pas de mal...
OUF !
Désolés pour l'accueil, on croyait que vous étiez des soldats de Salbo Nome !
?!
On se cache car on passe notre temps à leur fausser compagnie.
Bienvenue chez nous, Mademoiselle !
Vous habitez ici ? Au milieu de nulle part ?
On est des orphelins[21] et les adultes n'ont pas le droit de nous adopter[22].
On a fui nos villages[23]... où les soldats de Salbo Nome raflent tous les enfants !

Nous, on ne veut être ni soldats ni esclaves à l'usine ! Ici, on est pauvres...
Mais on est libres !
Mais attendez... Je le connais, lui, c'est Zozio !
Le piaf de Kélia... C'est une amie à vous ?
Zozio nous conduit à Tricot Nome...
Une de nos amies est retenue là-bas !
Vous voulez vraiment aller à l'usine ?
Vous savez si c'est encore loin ?
Oui, parce que nous sommes très courageux !
Je confirme. Surtout toi !
Je vais vous accompagner jusqu'à la lisière du bois.
...
On y est !

... WAOOH !
TRICOT NOME
USINE
C'EST PAS DE LA PETITE USINE !
COMMENT ON VA RENTRER DANS CETTE FORTERESSE ?
JE NOUS IMAGINE BIEN FAISANT TOC, TOC ! "BONJOUR, C'EST NOUS !"
ELLE FAISAIT MOINS GRANDE EN PHOTO !
MAIS OUI ! C'EST ÇA L'IDÉE !
VAS-Y ARTHUR, VA SONNER !
?!
EUH, T'ES SÛRE ?
TOI, TU EMBROUILLES LES GARDES ET NOUS, ON RENTRE ...
EUH, IL ME PLAÎT SUPER MOYEN, CE PLAN !
FAIS-NOUS CONFIANCE ! ON SERA TRÈS DISCRETS !

Euh, on ne peut pas rentrer, il n'y a pas de sonnette !
Frappe !
Toc Toc
Qu'est-ce que tu veux, gamin ?
Euh, je passais dans le coin !
Je ne savais pas quoi faire ! Je m'ennuyais...
Alors, je me suis dit : "Arthur, pour t'occuper, t'as qu'à aller travailler à l'usine de notre bon Monsieur Salbo Nome !"
Gnnn ...
T'as l'air en forme, t'es bien bâti !
Tu tombes à pic, on a un blessé !
Il est à l'infirmerie ? Je vais aller lui remonter le moral !
C'est ça, c'est ça...
SN
Export
Avance et tais-toi !
SN
Lui remonter le moral... Tu parles... Tu vas travailler à sa place... Lui, il est au cachot, y a jamais eu d'infirmerie ici ![24]...

ALLEZ ! MAINTENANT ...
AU BOULOT !!!
VA PRENDRE LA PLACE DU 233 ! ET PLUS VITE QUE ÇA...
!
POW !
AÏE !
ET VOUS, LES MIOCHES, JE VOUS PRÉSENTE 233 BIS[25] ! UN VOLONTAIRE, AH ! AH !
...
DÉPÊCHEZ-VOUS DE LUI EXPLIQUER CE QU'IL A À FAIRE ! ASSEZ PERDU DE TEMPS COMME ÇA !
UN CAMION EMPORTE LE CHARGEMENT DU JOUR À 6 HEURES ! VOUS DEVEZ AVOIR FINI 1500 ÉCHARPES !
PAS DE PAUSE AUJOURD'HUI, VOUS ÊTES TROP LOIN DU COMPTE !
POUR RATTRAPER LE RETARD, NE M'OBLIGEZ PAS...
SN
... À VOUS FAIRE TÂTER DU BÂTON[26] !
PAS DE TRACAS, M'SIEUR !
MAIS JE RÊVE, C'EST INCROYABLE ! MAIS, C'EST... C'EST ARTHUR !!!
JE M'Y METS TOUT DE SUITE !

CHANCE !!!!!
MAIS, PAR QUEL MIRACLE ES-TU LÀ ?
SILENCE, J'AI DIT ! AU BOULOT !
JUSTEMENT, JE L'EMMÈNE À SON POSTE !
RACONTE-MOI COMMENT TU ES ARRIVÉ JUSQU'ICI...
... MAIS PARLE DOUCEMENT... ICI, LES MURS ONT DES OREILLES...
C'EST TOUTE UNE AVENTURE ! ON EST VENUS TE SORTIR D'ICI !
EN NE TE VOYANT PAS À L'ÉCOLE, ON EST PASSÉS CHEZ TOI ...
ON EST TOMBÉS SUR TES PARENTS DÉSESPÉRÉS. ALORS, DÈS LE VENDREDI SOIR ...
ON A EMBARQUÉ DANS L'AVION DU TONTON DE SARAH...
ENSUITE, ON A SAUVÉ UNE JEUNE FILLE DU VILLAGE DE TON CHER ONCLE...
ON A ÉTÉ DANS LA JUNGLE ...
ET, TINLINTINLIN, NOUS VOILÀ !
NOUS ? MAIS, TU ES SEUL ! QUI EST AVEC TOI ?

NON, AGATHE, GARY, CHOUM, SARAH ET P'TITE MARIANNE SONT LÀ AUSSI !
ILS SONT ENTRÉS EN CACHETTE DANS L'USINE ! AINSI, ON VA TE LIBÉRER...
À VOTRE PLACE, JE N'Y COMPTERAIS PAS TROP !
!?
EUH... SALUT, CHANCE !
ON S'EST FAIT COINCER ...
C'EST PAS DE CHANCE, HEIN ?
POUR NOUS, SI ! CET ARRIVAGE DE MAIN-D'ŒUVRE TOMBE À PIC ! ...
ALLEZ ! AU TRAVAIL !
SN
DÉSOLÉE, MAIS CE N'EST PAS LÉGAL !
NON NON NON ! EN PLUS, JE RISQUE DE ME SALIR !

LÉGALITÉ(27), CONNAIS PAS ! ICI, Y A QUE DES TRAVAUX FORCÉS(28), MA BELLE !
ET TU TE TAIS, JE N'AI PAS BESOIN DE TON AVIS(30) !
ALLEZ HOP ! AU BOULOT !
ÉVIDEMMENT ! DEMANDÉ SI GENTIMENT...
SI TU NE TRAVAILLES PAS, TU N'AURAS RIEN À MANGER(29) !
ON TE DONNERA DE LA DROGUE(31) POUR TENIR LA CADENCE...
C'EST TROP PAS JUSTE !
NOUS VOILÀ DANS DE BEAUX DRAPS ! C'EST AFFREUX !
NOUS N'AURIONS PAS DÛ JOUER AUX SUPER-HÉROS. CETTE MISSION ÉTAIT TROP DANGEREUSE.
COMMENT VA-T-ON SORTIR DE LÀ, MON PAUVRE CHOUM ?
ON N'A PAS LE DROIT DE RETENIR DES ENFANTS PRISONNIERS...
?
SN
ZOZIO... REVIENS !!!! CE N'EST PAS LE MOMENT QU'ON SE SÉPARE !

ÉVIDEMMENT, POUR TOI, C'EST FACILE ! TU PEUX T'ENFUIR EN VOLANT PAR-DESSUS LES CLÔTURES ! FUIR DANS UN MOMENT PAREIL ! ESPÈCE DE LÂCHE !
TU DEVRAIS AVOIR HONTE ! ZOZIO !!!! REVIENS ICI !!!
?!
CHOUM, REGARDE, ON DIRAIT QU'IL NOUS MONTRE UN PASSAGE !
EXCUSE-MOI, ZOZIO ! JE N'AVAIS PAS COMPRIS. J'AVAIS SI PEUR QUE TU PARTES !
ET C'EST REPARTI POUR L'AVENTURE !!!

PFF !!!
C'EST PAS
LARGE !!!
GRR
CHUT,
CHOUM...
MOI AUSSI,
J'ENTENDS
DES VOIX !
QUE SE
PASSE-T-IL,
JEAN-TIBO
NOME ?
ÇA VIENT DE PAR LÀ !
APPROCHONS-NOUS
... EN SILENCE !
BOUUUH !
JE M'ENNUIE,
JE M'ENNUIE !
JE M'ENNUIE !!!!
QU'ON APPELLE
MON PÈRE !
VOS DÉSIRS
SONT DES ORDRES,
JEAN-TIBO NOME,
J'Y VAIS DE CE PAS !
!!

C'est pas possible de s'embêter à un point pareil... J'sais pas quoi faire...
Avoir un papa président et s'ennuyer autant que ça. C'est pas permis !
Jouets
Trop nul !
Je vais demander qu'on aille m'acheter de nouveaux jouets ! Ceux-là, je les connais ! C'est pas drôle !
Si tu t'ennuies, tu n'as qu'à venir "t'amuser" avec mes amis prisonniers !
Qui... Qui es-tu ? Que... Que fais-tu dans ma chambre ? C'est une violation de ma vie privée(32) !
Je m'appelle P'tite Marianne. Je me suis échappée des usines de ton père, Salbo Nome ! Des usines de travaux forcés pour enfants !
Mon père ?
Tu dois confondre ! Mon père est un grand homme ! Tu dis n'importe quoi !

Il est merveilleux, il s'occupe toujours bien de moi...
Il m'offre plein de cadeaux !
Il retient surtout des enfants prisonniers... Il ne respecte aucun de leurs droits !
Il m'emmène en vacances au ski... À la mer pour bronzer. Je suis toujours avec lui !
Il est si coool !
Son peuple ne mange pas à sa faim et ne peut pas se loger ! Les enfants sont vendus pour travailler, ils ne peuvent même pas aller à l'école !
Mensonge ! Tu dis n'importe quoi, parce que tu ne le connais pas !
Je suis sûr que, quand tu le rencontreras, il te plaira beaucoup. Il va t'offrir plein de cadeaux !
Tu parles ...
Qui est cette gamine ????

PAPA ! ELLE S'APPELLE P'TITE MARIANNE ET ELLE DIT QUE TU ES UN MÉCHANT HOMME QUI EXPLOITE LES ENFANTS !
TIENS, TIENS, TIENS...
FISTON 1er
TU DOIS ÊTRE MAL RENSEIGNÉE, MA PETITE. LA PREUVE, REGARDE TOUS CES JOUETS AUTOUR DE NOUS ! J'ADOOOORE LES ENFANTS, N'EST-CE PAS, JEAN-TIBO ?
ALLEZ, VIENS, MA PETITE, ON VA T'EMMENER DANS NOTRE NOUVEAU PARC D'ATTRACTIONS ...
FISTON 1er
EUH, IL EST OÙ LE PARC D'ATTRACTIONS, PRÉSIDENT ?
FISTON 1er
L'ATTRACTION, C'EST ELLE ! IDIOT ! VOUS ALLEZ LA TORTURER[33] POUR TOUT SAVOIR ET SURTOUT COMMENT ELLE EST ARRIVÉE ICI !
!

!!!
Et après, si elle en a encore la force, envoyez-la à l'usine me tricoter quelques écharpes pour ma collection personnelle !
...
!!
On ne résiste pas à Salbo Nome !
Euh, Fiston...
Où tu vas ?
J'ai tout entendu ! T'es plus mon père !
Je vais travailler dans ton usine, avec les enfants !
J'ai honte !
Non ! Non ! N'y va pas ! C'est beaucoup trop dur pour toi, mon petit lapin !
Pour toi, rien n'est trop beau... Mais eux, il faut qu'ils travaillent pour que je puisse tout t'offrir ! Eux, c'est rien !
Eux, ce sont des enfants, comme moi ! J'ai trop honte de toi !
Reste ici, mon fils ! N'y va pas, je t'en prie !
Avec un père méchant, jamais !

Mais si tu veux, je peux être gentil, mais ne pars pas, tout ce que je fais, c'est pour toi ! Dis-moi ce que tu veux ?
Tu crois que c'est si simple ? Fils d'un dictateur si dur !
Si j'accepte de te signer un papier qui t'assure que je démissionne, tu veux bien rester avec moi ?
Oui, mais après que vous aurez ordonné de libérer tous les enfants de l'usine dès aujourd'hui...
De les renvoyer à l'école et de faire respecter leurs droits...
Bien sûr ! Bien sûr !
Tu dois déclarer que le Pacoolici devient un pays libre, où les gens seront payés pour leur travail ! Ils pourront manger et avoir une maison !
Il y aura des élections pour choisir un Président !
Euh, c'est obligé les élections ??
SCRICH
SCRICH !
Bon, ça va, je signe !
Puisque tu acceptes tout, c'est bon !
Ne perdons pas de temps, allons libérer tous les enfants à l'usine !
OUF !

?!
Voici les ordres, vous devez libérer immédiatement tous les enfants !
Je ne reçois des ordres que de Salbo Nome ! Qui êtes-vous ?
SN
Je suis son fils et vous pouvez lui demander en direct, si vous pensez que je mens !
...
Les amis, on est libres ! Salbo Nome a démissionné ! Allons annoncer la nouvelle !
TRICOT NOME
USINE
PLACE DE LA LIBERTÉ
ÉLECTIONS PRÉSIDENTIELLES
LES INFOS
PAYS LIBRE
LIBRE !

ROPORT
PLACE DE LA LIBERTÉ
ELECTIONS LIBRES
VOTE
Tu as été formidable, Jean-Tibo !
Ouf, les revoilà ! Quelle sacrée équipe !
Grâce à vous, les amis, j'ai ouvert les yeux ! Je vous promets de faire attention désormais !
On va s'écrire, je vous raconterai... ça ne sera pas simple, il y a tant de choses à changer !
On va protéger tous les enfants ! Ouvrir des écoles, construire de vrais logements !
Les amis, je suis heureuse pour Chance, elle rentre avec vous, elle va retrouver sa famille et retourner à l'école !
?!
C'est chouette, tu as raison, demain, on va à l'école !
Ben quoi ! C'est vrai, c'est super l'école !
Et bien moins fatigant qu'un week-end au Pacoolici !
!!!!

Cet album a été créé dans le cadre de l'opération "Tous les enfants ont des droits !". Opération pédagogique pour une meilleure connaissance de la Convention internationale des droits de l'enfant incluant :

• 30 clips dessins animés diffusés à la télé et sur Internet
• L'album *Les Petits Citoyens au Pacoolici*

L'association "Les petits citoyens"
et les auteurs de l'album tiennent à remercier :

Les 30 enfants comédiens en herbe qui ont joué dans les clips dessins animés

Alice - Aliénor - Anthony - Chloé - Elisa - Enzo - Esther - Hadrien - Hugo - Isaora - Jeanne - Julie
Julien - Léa - Leslie - Louis - Louise - Margot - Matéo - Mathilde - Maxime - Mégane - Nils
Paul - Rémi - Ruben - Sarah - Tom - Yasmine - Zoé

Les 30 personnalités qui ont joué dans les clips dessins animés

Pierre Arditi - Aurélie Bambuck - Stéphane Bern - Carlos - Cartouche - Willy Denzey - Mouss Diouf
David Douillet - Yves Duteil - Sidney Govou - Sébastien Folin - Jean-Pierre Foucault - Laéticia Hallyday
Jenifer - Leslie - Adriana Karembeu - Lorie - Maëva Berthelot et Lucky - Estelle Martin - Mimie Mathy
Yannick Noah - Valérie Payet - Patrick Poivre d'Arvor - M. Pokora - Victoria Ravva - Régine
Marie-Claire Restoux-Gasset - Omar et Fred - Elisabeth Tchoungui - Astrid Veillon

Les 30 associations qui œuvrent au quotidien pour la défense de ces droits

ACAT - Action innocence - Aide et Action - Anacej - Cofrade - Comité Contre l'Esclavage Moderne
Groupe SOS - Comité Français de la Croix-Rouge - dixiemefamille.com - Enfance et Familles d'Adoption
FIDH - Fondation pour l'Enfance - Handicap International - Hôpital Assistance International
Max Havelaar - Médecins Du Monde - Planète Avenir - Prévention Routière - La Voix De l'Enfant
Les Restos du Cœur - Ligue des Droits de l'Homme - Samu Social de Paris - Secours populaire français
Réseau National des Juniors Associations - Reporters Sans Frontières - Sol En Si - SOS Racisme
SOS Villages d'Enfants - Thémis

Les entreprises qui nous ont aidés à réaliser cette opération

Alamo - Alcatel - Jean-Claude Biguine - BNP-Paribas - Carrefour Solidarité - Clairefontaine - FNAIM - FFSA
Ferrero - Fondation Aviva - Fondation "Les mousquetaires" - Fondation Norauto - Fondation Solidarité SNCF
Fondation Siemens - Groupe Casino - Groupe chèque déjeuner - Jet tours - Hitachi -La Redoute
- Mémorial de Caen - SFR - Siemens - Sodhexo

Les diffuseurs des clips

TF1 - France 2 - M6 Kid - TV5 Monde - RFO - RTBF - Canal J Eurêka - Ma planète - Télétoon - Tfou - Yahoo
Berbère TV - Direct 8 - TV Mont Blanc - Gulli - Les Maternelles (France 5)
La chaîne parlementaire - RTBF

Les partenaires institutionnels

Le Sénat et l'Unicef France

La Convention internationale des droits de l'enfant (CIDE), élaborée par l'ONU en 1989 et signée depuis par 192 pays, comporte de nombreux articles. Cet album des petits citoyens fait référence à certains de ces articles. Chaque texte suivi d'un petit numéro, comme par exemple (1), est commenté ci-dessous.

Bonne découverte ! Pour en savoir plus, rendez-vous sur le site www.lespetitscitoyens.com pour télécharger le texte complet de la CIDE.

Page 3

1 – Droit à l'éducation (art. 28 et 29 – CIDE)
C'est le droit pour les enfants d'aller à l'école gratuite pour apprendre à lire, écrire, compter et acquérir des connaissances; mais aussi faire de longues études si l'enfant en a envie. Des bourses peuvent être attribuées aux enfants qui en ont besoin. Ainsi, ils deviendront des citoyens éduqués et des adultes qui pourront exercer leur métier.

Page 5

2 – Droit à la liberté de déplacement (art. 11 – CIDE)
C'est le droit qui protège les enfants contre les enlèvements.
Personne ne peut ni enlever un enfant, pas même ses parents, ni le retenir dans un autre pays que le sien.

3 – Droit à être élevé par ses parents (art. 5, 9 et 18 – CIDE)
C'est le droit pour les enfants de recevoir une bonne éducation de leurs parents qui leur assure croissance, épanouissement personnel et intégration sociale.
Si les parents se séparent, l'enfant a le droit de voir ses deux parents, sauf si cela est contraire à son intérêt.

4 – Des droits pour tous les enfants, depuis quand, pour qui, pourquoi ? (art. 1, 4 et 6 – CIDE)
Parce que les enfants doivent avoir une protection spéciale, 192 pays se sont engagés à faire respecter la CIDE à partir de 1989. Cette Convention oblige ces pays à voter et mettre en œuvre des lois qui permettent aux enfants de vivre en sécurité, d'aller à l'école, d'être soignés et d'être protégés contre les violations de leurs droits.

Page 6

5 – Droit à un nom, une nationalité et à la protection de son identité (art. 7 et 8 – CIDE)
C'est le droit pour les enfants d'avoir, dès leur naissance, un nom et une nationalité.
Ainsi, l'enfant a une identité connue de tous et a accès à ses droits, comme s'inscrire à l'école, avoir un carnet de santé, être protégé par les autorités de son pays...

Page 9

6 – Droit à la sécurité (art. 3 – CIDE)
C'est le droit pour les enfants d'être protégés contre des accidents (ex: accident de la route) et les atteintes à son intégrité physique. Leur pays doit veiller à ce que des normes de sécurité soient mises en place, connues de tous et respectées.

Page 12

7 – Droit aux loisirs (art. 31 – CIDE)
C'est le droit pour les enfants d'avoir des loisirs et de pouvoir se reposer.
L'État doit faciliter l'accès aux loisirs pour les familles qui n'en ont pas les moyens.

Page 13

8 – Droit à la non-discrimination (art. 2 – CIDE)
C'est le droit pour les enfants d'être protégés contre le fait que des adultes ou des enfants fassent des différences entre d'autres enfants selon leur couleur de peau, leur religion, leur condition sociale...

9 – Droit des enfants handicapés (art. 23 – CIDE)
C'est le droit pour les enfants handicapés de mener la meilleure vie possible et de parvenir à faire le maximum de choses de façon autonome : aller à l'école, apprendre un métier, être soignés, avoir des loisirs. L'État doit aider ces enfants en créant des infrastructures publiques adaptées et aider les familles dans le besoin.

Page 14

10 – Droit à la liberté de pensée, de conscience et de religion (art. 14 – CIDE)
C'est le droit pour les enfants de penser ce qu'ils veulent sur tous les sujets, tout en respectant les choix des autres.

11 – Droit à la liberté d'expression (art. 13 – CIDE)
C'est le droit pour les enfants de chercher, de recevoir et de diffuser des informations et des idées, à condition de respecter la réputation des autres.

Page 15

12 – Droit à la protection en cas de guerre (art. 38 – CIDE)
C'est le droit des enfants qui les protège contre l'enrôlement par des adultes dans une armée ou dans une guerre.

Page 16

13 – Droit à la protection de son environnement (art. 24 et 29 – CIDE)
C'est le droit pour les enfants de vivre dans un environnement sain et d'avoir accès à des ressources naturelles vitales en quantité suffisante, comme l'eau.
L'État doit veiller à ce que les institutions, les entreprises et les citoyens de son pays respectent les normes environnementales et sanitaires.

Page 18

14 – Droit au logement (art. 27 – CIDE)
C'est le droit pour les enfants de vivre dans une habitation décente pour assurer leur bon développement. Ce sont les parents qui doivent en premier lieu assurer ce niveau de vie, l'État intervient si nécessaire pour donner une aide aux parents.

Page 20

15 – Droit à la protection contre l'exploitation sexuelle (art. 35 et 36 – CIDE)
C'est le droit pour les enfants d'être protégés contre tous abus ou exploitations sexuels et atteintes à leur intimité corporelle. L'État doit prendre les mesures pour que les enfants ne soient pas incités ou obligés de se prostituer, ou à tourner dans des films pornographiques.

Page 22

16 – Droit à la protection contre la vente et les autres formes d'exploitation (art. 32 – CIDE)
C'est le droit pour les enfants d'être protégés contre le commerce d'enfants : enlèvement, vente...

Page 27

17 – Droit à la liberté d'association (art. 15 – CIDE)
C'est le droit pour les enfants de s'associer avec d'autres enfants ou adultes pour participer à des réunions, défendre leurs idées, avoir une activité commune, agir pour une cause (ex: une association humanitaire).

18 – Droit à l'information (art. 13 – CIDE)
C'est le droit des enfants de recevoir des informations variées (télévision, magazines, journaux, radios), objectives et adaptées à leur âge afin de contribuer au développement de leurs connaissances et de leur compréhension des autres cultures.
L'État doit y veiller et protéger les enfants des informations qui peuvent leur nuire.